사랑하는 것을 위하여

이해주 시선집

비워야 채워지고
끝에 닿아야 다시 시작한다.

차례 _이해주 시선집

제1시집 위치(1959년)

해변의 오후 —— 13
귀뚜라미에게 부치는 노래 —— 14
밤의 광시狂詩 (1) —— 16
밤의 고원에서 —— 18
제야의 노래 —— 20
임종의 그를 위하여 —— 21
봄의 서곡 —— 24
사랑하는 것을 위하여 —— 26
짐짓 꿈꾸던 고향은 아니었다 —— 28
국화송頌 —— 30
삶의 전진곡 —— 32
오월이 오면 —— 36
현대의 고질 —— 38
황소 —— 42
전망 —— 44
항구의 경사지에서 —— 46
밤의 광시狂詩 (2) —— 48
동래산성 —— 50
밤 주막에서 —— 51

위치位置 —— 52
밤의 로타리 —— 54
꽃병과 백합 —— 56
노을 —— 58
회상 —— 60
산사 (1) —— 62
낙조 —— 63

제2시집 봄이 오는 소리(2002년)

어머니 —— 68
북소리 —— 70
등산 2 —— 72
진달래 —— 74
파도소리 —— 76
봄빛 —— 78
고목 2 —— 79
봄소식 —— 80
등산 4 —— 81

눈 오는 밤에 —— 82
꿈 속의 꿈 —— 84
애상 —— 85
똘아 너는 개가 아니다 —— 86
낙동강의 신음소리 —— 88
장님 남편 —— 90
혼돈의 바다 —— 92
진달래 —— 94
석불 앞에서 —— 96
꿈에 본 자화상 —— 97
음지 양지 —— 100
대상포진帶狀疱疹 —— 102
손 —— 104
초침 소리 —— 106
문풍지 우는 밤 —— 108

제3시집 집어등(2005년)
꽃들의 함성 —— 111

집어등集魚燈 ——— 112
파도 ——— 114
이별 연습 ——— 116
파도야 파도야 ——— 118
추수 ——— 120
자유 ——— 121
염원 ——— 122
멸치젓 ——— 123
노숙자 ——— 124
휘파람에 날리고 ——— 126
포구의 아침 ——— 128
석탄일에 ——— 129
수평선 ——— 130
현해탄은 알리라 ——— 131
바다소리 1 ——— 132
바다소리 2 ——— 133
바다소리 3 ——— 134
눈 감으면 ——— 135
아침 산책 ——— 136

동래 파전 ——— 138
길 ——— 140
송정 바닷가에서 ——— 142
구덕포의 달밤 ——— 144
땅끝마을에서 ——— 146
파도 2 ——— 148

제4시집 풀무(2010년)

그리움 ——— 151
우포늪 ——— 152
풀무 ——— 154
아침바다 ——— 156
해조음 ——— 157
그림자 ——— 158
지리산·2 ——— 160
까마귀 ——— 161
연날리기 ——— 162
연비어약 ——— 164

수성리 당산나무 ──── 166
장산 돌꽃 ──── 170
명경지수 ──── 172
강촌의 밤 ──── 174
사우思友 ──── 176
편지 ──── 178
희한한 병 ──── 179
태풍·해일 ──── 180
꽃댕강나무 ──── 181
가벼움에 대해 ──── 182
누구를 탓하랴 ──── 184
파도소리 ──── 186
꿈같이 아득한 세월 ──── 187
영상 ──── 188
미련 ──── 190
남겨두는 말 ──── 192
시인의 산문 나의 시詩 등단기 ──── 195
해설 그리움의 바다 **구모룡** ──── 199

제1시집
위치
1959년

해변의 오후

푸라타나스
가로수 위로
해풍이 비질하는
오후—

하이얀
거품을 머금고
바다는 노여워
미친 듯 뛰노니

뜨락 잠기락
머언 섬들을
한숨에 삼킬 새빨간 피의 명맥이
춤추고 있다.

         1951. 7

귀뚜라미에게 부치는 노래

노상
너는 무엇이
그리도 슬프기에
추야장 긴긴 밤을
막상 울어예는 것이냐
귀뚜라미여.

차라리
된서리 살을 저미는
소름끼치는 이 밤이 서러워
그렇게 어둠을 삼키며
새벽을 재촉하는 것이라면

귀뚜라미여
내 너와도 같이
쟁쟁한 목청을 가다듬어

긴긴 이 밤을 울리라
목청껏 울어 보리라.

1951. 9

밤의 광시狂詩 (1)

보라
오늘밤도
말없이 깊어가는
이 숨 막힌 전선의
황홀한 정경을…

아련히
먼 산맥을 타고
포기포기의 구름
휘황한 달빛을 그리워
동해의 푸른 물결을 좇아
유유히 흘러가고

으레히
벌레소리도
제대로 목청을 가다듬어

흐르는 개울물을 타고 뒹굴며
앞을 다투어 노래하지 않느냐

이따금
울리는 포성만이
빈 창공을 뒤흔들어
잠기락마락
아련한 별들의
푸른 꿈을 깨쳐 놓을 뿐…

항용
이런 밤엔
아아 차라리 이런 밤엔
눈물로 헤어진 서러운 벗들과
헤어진 나루터의 푸른 꿈이
왜 이리 광란의 꿈만 빚어내려는 것이냐
슬픈 광상곡만 불러주려는 것이냐.

1951. 11

밤의 고원에서

하이얀 눈빛 속에 싸인
중부의 고원에 서서
검푸른 하늘
어둔 전선을 나는 바라본다.

무서운 포화에
산천도 제 모양 지니지 않고
수없이 솟아오른 조명탄에
눈빛 속을 산그림자만이 어른거릴 뿐…

산새도 오소리도
쫓겨간 깊은 산곡
초가삼간 그리운 야화夜話도
찾아볼 길 바이 없어

차라리 이 땅에

뼈와 살을 타고 삶을 받은 나이기에
별빛 찬연한 밤하늘을
눈물에 젖어 바라본다 – 벅찬 가슴 안고서…

         1951. 12 중부전선에서

제야의 노래

별빛마저
가버린
괴괴한 어둠 속을
눈보라치는 밤이여

이 밤이
다 새도록
진눈깨비를 휘날리어라
한결 매운 바람을 불게 하여라

낡은 천막
캄캄한 어둠 속에서
몽롱한 불빛 켜 들고
너를 보내는
〈제야의 노래〉는 그칠 일이 없을지니.

1951. 12

임종의 그를 위하여

찬 겨울
얼어붙은 묏봉오리에
짧은 동짓달 해가
서산 툇마루를 넘고
험준한 계곡에 싸늘한 어둠이 찾아왔다.

지금 여기
마지막 괴로운 신음 속에
슬픈 임종을 기다리는
너를 붙안고
나는 운다 흐느껴 운다

아 아직도 피는 흐르고 있고나
따뜻한 체온에서 샘솟는
새빨간 핏방울이…
하이얀 눈빛을 붉게 물들여

꽁꽁 언 땅 위를 고여 흐르고 있고나

- 이윽고
동녘 하늘에
불그레한 달이 솟아오른다
끝없이 부드러운 달빛이
핏기 없는 너의 얼굴 위에 젖어 흐른다

"섭아 섭아 정신 차려. 정신 좀 차려…."
조금도 반응 없는 너의 몸을
흔들며 흔들며 외쳐 보건만
마지막 빛을 잃고 꺼져 가는 싸늘한 동공!

아 - 임종은 온 것이다
나를 울리는 슬픈 너의 임종은 오고야 말았구나!
"벗이여 잘 있어… 잘 싸워다오…."
가냘프게 입술을 새어흐르는

이것이 마지막 가는 너의 부탁이었던가···.

달빛은 아직도
하이얀 눈빛 속에
백은白銀세계를 이루고
날카로운 포성은 또 다시 울려온다.

그러나
나는 운다 흐느껴 운다
그래도 시원치 않다
몸부림쳐 운다.

세찬 눈바람
비탈진 계곡에서
싸늘한 너의 시체를 붙안고···.

       1952. 2. 26 중부전선에서

봄의 서곡

봄은 오리라
종달새의 노래와
함께 오리라.

거친 이 빙원氷原에도
파란 새싹 돋아나고
아지랑이 나올지리라.

기쁨이 감도는
밭이랑마다
곡괭이와 삽을 잡는

봄은 오리라
종달새의 노래와
함께 오리라

항시 메마른 내 입술 위에
버들피리와 더불어
봄은 오리라.

　　　　　　　　　　　　1952. 2

사랑하는 것을 위하여

어둡고 흐린
매서운 바람이 불던
어느 한밤

유독히 작열灼熱의
빛을 머금고
빛나는 별의 행렬 속에

또렷한
원광圓光을 그리면서
스러져간 사랑하는 별들이 있었다.

오늘 이 흐린
밤하늘 위에
아 사랑하는 것을 위하여

어느 계곡
깊은 밀림 속에
빛을 던질 유성이 되었으리니

차라리
눈물 속에
너를 보낸 내사

가슴 두드리며
차디찬 이녕泥濘 속에
석고처럼 여기 서서

사랑하는 것을 위하여
아 다시는 오지 않을 너를 위하여
내 이 밤 지키며 이 시를 읊노라.

1952. 8

짐짓 꿈꾸던 고향은 아니었다

짐짓 꿈꾸던 고향은 아니었다.
차디찬 돌베개로 목청 돋구며 노래하던 고향은 아니었다.

그렇게 좋아하던 석류꽃도 피어 있질 않았고
서로 손잡고 반겨줄 벗은 가고 있질 않았다.

해어진 울안엔 잡초만 우거져 있고
주름살이 구겨진 어머니의 얼굴엔
고인苦忍의 눈물방울이 쏟아져 흐르고…

그 한때 염열炎熱을 띠우며 거닐던 사람은 간 곳 없어도
낙동의 하이얀 사장沙場과 푸른 물굽이는 다름이 없었고

해 저문 나루터에 나룻배는 가고오고 하건만
아 노을 비낀 하늘에 맹세하던 그 기약은
어디로 흘러갔느냐

짐짓 꿈꾸던 고향은 아니었다
향수의 나래 펼쳐 꿈결 속에 더듬던
고향은 아니었다.

1952. 9

국화송頌

서슬이 파란
울창한 가시덤불 속에
노란 들국화 송이가 피어 있었다.

남 몰래 지니운
아리따운 그의 향기랑
자랑삼아 지키는 그의 절조는

추야장 고요한 삼경
영롱한 별빛 속에
아람드리 바치는 것이었다.

이따금
서릿발이 목덜미를 매어잡고
별빛 잃은 어둔 밤중엔

아무도 모르는 깊은 적막과
곧잘 흐느끼는 슬픔이 에워쌌다.

하지만 지독한 어둠도
가시의 파란 서슬도
별에 대한 그의 연정은 꺾지 못했다.

서슬이 파란
울창한 가시덤불 속에
한 송이 노란 들국화 송이가 피어 있었다.

1952. 10

삶의 전진곡

남빛 하늘
구름이 방황하는
항구의 네거리에서

남루한 의복
죄그만 겨드랑에
신문을 움켜잡고

무수한
사람의 물결
황진黃塵 속을 스치면서

목이 메이도록
기를 쓰며
외치는 너의 아우성이

오늘도
메마른 내 귓전에
표연히 들려올 때

泰야
너의 그 모습이
왜 이다지 눈시울이 따갑도록
떠오르는 것이냐

하루의 고달픔도
내일의 학비를
마련한 기쁨이

현란한 희망을
가슴에 차도록
끼얹어 줄 것이어니

그렇다
이 병든 아저씨의
가슴에도

너의 가늘고
쟁쟁한
가냘픈 외침이

오직 야무지고
앙칼진
삶의 전진곡으로만 들리어 올 때

차라리 나에겐
아무 거리낌도 슬픔도 없단다

다만 세차고
힘 있는 맥박이

앞을 향하여 고동치고 있단다.

1953. 1 병석에서

오월이 오면

이끼 낀 성벽
황량한 산과 들에
아름다운 시절 5월이 오면

푸른 물결 이는
그윽한 숲 속
뻐꾸기 소리 잦아들고

종달새는
밝은 하늘로 높이 솟아
즐거웁게 노래하네

코발트빛 하늘
푸른 5월아
화려한 것아

항시 너
메마른 내 가슴 속
머물게 하라.

                                                               1953. 5

현대의 고질
―현대문명의 본질에 대하여

〈21세기.
최고봉에 달한 과학문명.
아인슈타인의 상대성원리.
원자력 전성시대.〉

이 짧고 빛나는 몇 구절이
지금 이 지상에 호흡하는 무수한 인간의 가슴 위에
얼마나 위력과 동경과 정열과 그리고 전율을
뜨거웁게 끼얹어 주고 있는 것이냐!

― 그러나 아직 세대世代의 질풍은 멎질 않았다.
호화롭게 장식된 유람선에 실리운 채
 '과학문명'은 어둠을 향하여
매서웁게 달린다.

부서진 기왓장이 뒹굴고
빌딩은 앙상하게 뼈만 남고

산들은 포화로 빨갛게 헐어지고
오직 황량한 폐허 위를
지금 이 순간도 무수한 핏방울이
붉게 물들이고 있는 나의 조국.

일찍 미개한 누리를 위하여
거룩한 정신의 발동에서
'과학문명' – 깃발처럼 휘젓는 이름과 더불어
네가 자랑삼아 피땀 흘려 쌓은 탑이기에
여기 비명과 잔인의 발동에서
두들겨 부수고 무너뜨리는 것도
너의 권한과 자유인 것을
이맛살을 찌푸리며 수긍하여 준다마는
그러나 진정
아들이 아버지를 쏘아죽이고
형이 아우를 쏘아 죽이고
새파란 손자는 조부를 쏘아 비명을 뽑게 하는데

필경 너의 영예가 있지 아니 하리라.

지하 수십 척
생명을 내걸고 어둠을 헤치며 일하는 광부와
오뉴월 염천
지게를 등에 붙이고 퀴퀴한 땀냄새를 풍기는 농부와
살이 익는 듯한 화염 앞에서
석탄을 삽질하는 화부火夫들로 하여금
네가 낳은 '원자력 전성시대'의 혜택을 받게 하여
적게 일하고 많이 거두고
풍부한 휴식과 자유를 주어
개성을 빛내면서 평화를 누리게 하라
그리고 달나라 여행을 원하는 자에겐 여행케 하고
인공태양을 원하는 자에겐 얼마든지 갖게 해 주고
 지구와 화성간에 전보를 요하는 자에겐 시급히 무전으로 쳐
주어라
 다만 여기에 '20세기 과학문명' 너의 이름과 같이 빛나는

영광스러운 자랑이 불사조와도 같이
길이 아름다웁게 피어 있으리라.

1953. 5

황소

황소는
한낮이 싫었다.

썩은 울 안
매달려 살아도
밤이면 한가로워 좋았다.

멍든 등바지를
벽에 붙이고
파랗게 눈망울을 굴리면

멍에와
쟁기와
녹쓴 철조망이
아귀처럼 시야에 왈칵 밀려오는데

끝내
터뜨릴 수 없는 울음은
안으로 안으로 돌처럼 굳어만 갔다.

항시
그렇게 선망하던
사자의 포효
이리의 잇발이 없어도 좋다.

— 이젠 정말
　　　벽을 뚫어 등을 돌리자 —

황소는
가만히 핏발 선 뿔을
바위 위에 부딪쳐 본다.
힘이 솟는다.

　　　　　　　　　　　　1958. 7

전망

아득히 바다가 보이는
항구의 푸른 언덕에 서서

오늘도 이글거리는
숨 가쁜 도시의 풍경도를 펼쳐본다.

항용 어둡고 저린 마음에
차라리 젊음이 노여워

일사천리로 내뱉은 바다
까마득한 수평선을 바라보면

거기 고요한 푸른 물결의 화원花園이 있고
또 하나 저버릴 수 없는 전망이 있어

조용히 귀 기울여 물결 짓는

내 가슴의 고동을 들어본다.

1955. 2

항구의 경사지에서

어둠이 깔려오는
항구의 경사지(傾斜地)엔
진눈개비가 뚝뚝 떨어지고 있었다.

산바람 멎질 않고
이만치 젊음이 저려드는 위기에서도
상기 지워질 수 없는
가슴 속 숱한 장미의 행렬

봄이 오면
장밋빛 아침과도 같이 활짝 피어날
봄이 오면
정녕 질식할 이 굳어버린 지역에도
방울방울 맺어질 꽃씨는 뿌려질 것인가

짐짓 믿을 수 없는

그래도 믿어야 할
꽃과 새와 푸른 하늘이
얼어붙은 시야에 아스라이 명멸하는데

어둠이 깔려오는
항구의 경사지엔
진눈개비가 뚝뚝 떨어지고 있었다.

1957. 3

밤의 광시狂詩 (2)

활활 타오르던
태양이 숨지운 뒤

서로들
살결이 푸르도록
맞부비던 체온에 지쳐
숱한 사람들은 밤을 안고 돌아갔다.

겹겹이 싸여오는 어둠과
알알이 스미는 정밀靜謐.

아아 별과 파도나 그리고 바람아
정녕 이대도록
숨지운 태양을
호곡 없이 보낼 것이냐

차라리 숨차게 저주로운 이 밤사
산아 바다야 소리 소리 울부짖거라
〈마지막 태양의 소생을
 기도하는 우리를 위하여〉

            1957. 4. 5.

동래산성

헐어진 성문은
오늘도 '효원曉原'을 굽어보며
수난의 역사를
맥맥히 들려준다.

어느새 들국화도
목이 저려 피를 뱉고
매정한 계절은
마구 가랑잎을 휘몰아치는데

여기 동래산성
이끼 낀 성벽
쪼각난 돌멩이 하나에도
피보다 짙은 조국의 얼이 서려 있다.

1958. 10.

밤 주막에서

으슥한 뒷골목
생선 비린내가 폐부를 찌르는
어설픈 밤 주막에서

목 메인 뱃고동소릴 귀에 받으며
나는 이 밤도 즐겁잖은
막걸리 사발을 들이켜야 했다.

검푸른 물결과 어둠과
숨 막히는 호흡이 교차하는
이 밤은 깊어만 가고…

다시 내일의
출항을 기다리는 마음에 젖어
이 밤도 나는 막걸리 사발을 들이켜야 했다.

1955. 5

위치位置

거미줄마냥
얽히고 밀려오는 인적의 물결 속에

또는 숨 가쁜 아스팔트를
무수히 굴러가는 차량들의 둔주遁走를 바라보면서

지나치게 무성無聲한 내 위치를
느끼는 것은 무슨 까닭인가

짓눌려 검은 연기에 젖은 하늘이
어지럽게 맴돈다.

이미 내 시야에는
원근명암이 사라지고

이렇듯 들끓는

도가니 속 같이 아우성치는 가두에서

오늘도 발돋음한 나는
휘청거리는 발자욱을 마구 찍어가고 있나 보다.

1955. 3

밤의 로타리

밤 열 시 사십 분
통금시간이 가까운 로타리엔
새까만 어둠이 무겁게 내리고 있었다.

이따금 스쳐가는
헤드라이트의 광선이
날카롭게 덜미를 매어 잡고
마구 현기眩氣를 짓뿌리며 가는데

노래도 없이 조아드는
불꽃 이는 갈증 앞에
해풍처럼 설레이던 화려한 사념은
싸늘한 피곤의 그늘 속에 자맥질한다.

이윽고 통금 싸이렌이 울어제치면
수없는 음향의 파편들이

공포되어 가슴에 파묻혀 올 것인데

불안과 초조를 머금은
검은 기류는 로타리를 감돌고

나는 나대로
자꾸만 기억 속에 되살아 오르는
쇠잔한 목숨과 같은 기다림을 안고
별빛 찬란히 피어나는 하늘을 마시고 싶어
정신없이 로타리를 맴돌고 있었다.

1956. 5

꽃병과 백합

꽃병에서
백합 향기가
병실 가득히 번져가고 있습니다.

그러나
그것은 꽃향기가 아닙니다.
이제 막 죽어가는 사람의 눈동자에서 이는
고요한 바람과도 같은 것입니다.

하늘과
이슬과
별과
나비와
새 노래를 거부한 목숨이었기
무참히 쓰러져 간 슬픈 몸짓이었습니다.

활짝 열려지지 않는 창.
무겁게 밀려오는 천정과 벽
끝내 목숨을 거부한 손.

상기 아물 줄 모르는 생채기엔
핏방울이 맺히고
꽃이 꽃일 수 없는 노여움이
실내 가득히 번져 흐르고 있습니다.

1958. 7

노을

노을이 핏빛으로
저렇게 타오르는 것은

밤이 뱀처럼 도사려 앉아
새까만 어둠을 뿌려놓기 때문입니다.

불꽃 튀던 가파른 능선 위
꽃처럼 잦아진 젊음의 눈망울을 위하여

국화는 또 이렇듯 목이 저려 피를 뱉고
강물은 소리 없이 흐느끼는 것입니까.

진정 틔어올 하늘의 푸름을 바라
종시 가늠할 수 없는 자세로 내가 발돋음하는 것은

노을이 핏빛으로

저렇게 타오르고 있기 때문입니다.

                                        1957. 11

회상
—가버린 W에의 추억

투명한 유리창 너머로
푸른 하늘이 펼쳐 있고
활짝 핀 살구나무 꽃이
유난히 아름답던 그 날의 오후

너와 나는 마치 연인처럼
부풀어 오른 가슴을 맞대이고
서로의 슬픔과 노여움을 그리고 꿈과 미래를
그 얼마나 정답게 연신 주고받았던 것이냐

- 그러나
철 따라 갈아 피는 꽃과 더불어
매정한 계절은 일곱 개의 연륜을 새기면서 굴러갔고
너도 꿈을 꿈대로 안고 가곤 오지 않았다만…

봄이 올 때마다
그 살구나무에 꽃이 필 때마다

맘 속 흐느끼는 나는
오늘도 고독을 안고 뒹군다.

아 그러면서도
애타게 봄을 기다리는 내 마음
정녕코 너의 그리운 영상은
그 살구나무 꽃잎 속에서 숨 쉬고 있나보다.

1955. 4

산사 (1)

아름드리 수목들은
하늘로 향을 하여
정밀靜謐을 뿌려주는 습성을 배웠습니다.

산사에는 부처님이
목탁소리보다도
날짐승의 울음소리로 자장가를 삼았지요.

아아 얼마나 오랜 세월이
이 고사古寺의 모종暮鐘 속에
파묻혀 간 것이겠습니까.

1958. 6

낙조
―저무는 1958년에 부쳐

때 묻은 카렌다 위로
낙엽처럼 멀어져 간
삼백예순날

질금질금
뿌려온 발자욱들은
핏빛 무늬를 이루었고

구겨진 마음
멍든 가슴에
노을이 지도록 곱게 일면

아 다시금
입술을 깨물어 보는
꽃망울 같이 활짝 틔어올 새 아침…

1958. 12.

제2시집

봄이 오는 소리

2002년

봄이 오는 소리

우수雨水에
비가 내린다.

땅 밑에서 개구리 기지개를 켜는 소리
미루나무 가지에 물 올라가는 소리

골목길에 뛰노는 개구쟁이들의 웃음소리
철새떼 북으로 날아가는 소리

봄은 분명히 저만큼 다가오고 있는데
내 그리움 저 기러기 편으로 띄워 보낼까.

                                    1999. 2. 19

어머니
―어머니날에

어릴 때
아버지 산소에서
서럽게 서럽게 울던
어머니의 그 통곡의 의미를
이제는 알 것 같습니다.

일제 말기
메밀죽을 먹던 어느 날 아침
부엌에서 맹물을 끓여 후후 불며 마시던 어머니를 안고
울음을 터뜨리던
그때를 잊을 수가 없습니다.

6·25 무렵
생사를 넘나들던 아들 위해
새벽마다 정화수 떠 놓고 두 손 모아 빌던
어머니의 그 큰사랑
가슴에 따뜻한 불씨로 살아 있습니다.

세월이 흘러
고희를 앞둔 나이에
비로소
어머니의 사랑을
되새겨 보는
너무나 늦게 철든
늦깎이 아들을
용서하십시오
어머니.

                                                1999. 5. 8

북소리

겨울 새벽
둥 둥 둥 둥
멀리서 들려오는 북소리

"갓데 구루조또 이사마시쿠"*
젊은이들의 목쉰 군가 합창
둥 둥 둥 둥.

북소리는 동구 밖 신작로 따라
가까워지더니
지서 쪽으로 멀어져 간다.

생때같은 목숨
또 전쟁터로 끌려가는구나.

호롱불 심지를 돋우며

바느질하던 손 멈추고
긴 한숨 쉬던 어머니

이불 속에 몸을 파묻고 듣던
어린 시절의 그 북소리.

                                        2001. 8. 20

   *"이겨서 돌아오마 용감히…"라는 일본 군가.

등산 2

숲속 오솔길을 걷는다.
하늘을 찌를 듯 곧게 자란 나무
휘어지고 뒤틀린 나무
활짝 가지를 펴고 싱싱한 잎새를 자랑하는 나무
비바람에 부러진 나무
이제 갓 자라 꽃을 피우고 있는 애기동백.

몇 시간이나 걸었을까
시야가 툭 틔어 멀리 들과 강이 보이고
걸어온 전체상이 보인다.
나무도 보고 숲도 보면서 등산을 즐기듯
인생도 그렇게 걸어야 하는 건데.

길섶에 흐트러진 나무만 보며
앞만 보고 숨가쁘게 달려온 세월

숲은 싱그럽고 활력에 넘쳐 있는데
어느덧 주름진 내 얼굴에는
해거름 엷은 햇살이 비치고 있구나.

1999. 3. 6

진달래

진달래
곱게 필 무렵이면

산도라지꽃같이 예쁜
누나의 얼굴

물안개 속에
피어오른다.

낙동강 굽이치는
물결 따라 세월은 흐르고

그 옛날 뛰놀던
물목에 서면

그리운 이름 하나 둘

진달래 꽃잎으로 떠내려간다.

1999. 3. 26

파도소리

조용히 귀 기울이면
해조음 들려 오고

파도는 하얗게
사장에 부셔지는데

밤하늘에
흐르는 별똥별

항용 이런 밤엔
밀려오는 그리움.

가슴의 모래톱을
할퀴며 출렁거려

숨막힌 정밀로

벙어리가 된다.

1999. 2. 15

봄빛

이른 봄이면
화사한 햇빛보다도
밥상에 오른
우렁쉥이 미더덕찜 파전으로
봄을 만난다.

사십 년 긴긴 세월
나에게 봄을 심어 준 그대

다시 봄은
저만치 오고 있는데
그 봄맛
어디에서 찾을까.

1999. 2. 23

고목 2
―죠몬 수기 앞에서

봄바람 가을비
수 천년을 버티어 온
늠름한 기상

이끼보다 더 푸른
보드라운 잎새
비안개가 흐른다.

서로 할퀴고 물고 뜯고
싸우는 인간의 역사
너 앞에서 고개를 들 수 없구나.

모진 비바람
밝은 햇살
영롱한 별빛
너는 가리지 않고 사랑했구나.

2000. 5. 8

봄소식

매화 활짝 핀 산사
성근 눈발이 내린다

오지랖 묻혀 온 향기에
볼이 익어 오솔길 걸으면

숨바꼭질하는 개울물 소리
돌팍 틈 가재 잠을 깨울라.

2000. 2. 24

등산 4

깊은 산 속
동백꽃이 빨갛게 피어 있다.

보는 이 없어도
꽃은 제 홀로 피었다가 진다.

산 속에는 못이 있어
그 품에 하늘이 안긴다.

밤에는 뭇별이 내려와
밀어를 속삭이고

그래서 못의 가슴은
항시 뜨겁다.

1999. 4. 3

눈 오는 밤에

단추를 단다
손 끝에 피가 밴다.

살림 살고 아이들 키우고 남편 수발하는
그 어렵고 번거로운 일을
어찌 연약한 몸으로 혼자서 다해 냈을까.

등잔불 밑에 양말을 꿰매며
옛 얘기 들려 주던 어머니 손길
형광등 아래 재봉틀 소리
아이들 옷 만들던 아내의 손길.

창밖에는 눈이 내리고
썰렁한 다다미방
단추를 단다.

그리운 얼굴들
눈에 이슬이 맺힌다.

　　　　　　　　　　　　　　　　　1999. 2. 2

꿈 속의 꿈

봄꽃이 지천으로 피어 있는
들길을 그대와 손잡고 걸었지.

서산마루에 노을이 지려면
아직 해는 두 발이나 남았는데

고사의 종소리가 들리자
슬그머니 내 손놓고 바쁜 듯이 달려갔지.

무엇이 그리 바쁘냐고
볼멘 소리를 지르다가 꿈을 깨었지만

꿈속에서도
그 꿈을 아쉬워했지.

1999. 1. 15

애상

부부는 일심동체
동고동락한다면서
그대 앓음 나누지 못하였네.

청천벽력
나의 하늘 무너져내려
그대는 바람처럼 사라지고
나 홀로 황야에 서서
복받치는 슬픔을 깨물고 있네.

아아 어느 하늘 아래
다시 한 번 그대를 안고
목놓아 울어 보리.

1999. 3. 30

똘아* 너는 개가 아니다

똘아 너는 개가 아니다
몇 달 만에 대문을 들어서는
나를 얼른 알아보고 쏜살같이
달려와 껑충껑충 뛰면서 핥고 안기는
너를 어찌 말 못하는 짐승이라고
얕잡아 볼 수 있겠니.

똘아 너는 개가 아니다
지난 번 집을 나설 때
차 뒤를 한참 뒤쫓아오던
너가 애처롭더니
오늘은 짐을 꾸려 차를 탈 때
아예 고개를 돌리고 대문 밖을 나오지도 않는구나.

똘아 너는 개가 아니다
따뜻한 눈길 하나로

구김살 없이 꼬리를 살랑살랑 흔들며
다가서는 너를 어찌 쓰다듬지 않을 수 있겠니.

똘아 너는 개가 아니다
정을 받으면 두배로 갚고
정 주고서도 돌아서서 낑낑대지도 않으니
누가 너를 하찮은 짐승이라고 욕할 수 있겠니.

똘아 너는 개가 아니다
불고기가 옆에 있어도 주지 않으면
먹지 않는 너의 인내심
밥그릇 싸움에 아귀다툼하며
조석으로 변하는 인심 막가는 세상에
누가 너를 개라고 욕할 수 있겠니.

2001. 12. 3

*'똘'이는 우리집 애완견 이름이다.

낙동강의 신음소리

그 해 낙동강 전선
한여름 뜨거운 햇볕 아래
모래톱은 달아올라
강물은 핏빛으로 흐르고 있었다.

보릿고개보다도
더 서러운 증오와 불신이
모래톱을 할퀴며
몸부림치듯 굽이치고 있었다.

세월은 강물 따라 흐르고
물새도 날아간 지 오래인데

다시 낙동강은 시름시름 앓고 있다
끝없는 탐욕이 물목을 조르고.

물고기가 떼죽음하는 강물 위에
오늘도 산성비가 내리고 있다.

                                                1999. 4. 12

장님 남편

아내의 손 잡고
등반하는 장님 남편

신록의 자연 풍치
심안으로 보면서

새 소리 개울물 소리
교향악을 감상하네.

탐욕을 버리고
마음을 비웠기에

남들은 눈뜨고도
못 찾는 행복

그들 가슴엔

밝은 햇살로 출렁이고 있네.

1999. 5. 12

혼돈의 바다

바다는
스스로 분을 삭이고 있다.

하얀 거품 내뿜으며
가쁜 숨을 몰아쉬고 있다.

좀더 투명한 몸짓으로
가슴을 열어 줄 수는 없을까.

무겁게 내려앉은 혼돈
마구 할퀴고 있는 파도

눈이 시리도록 파란 하늘에 맞물려
출렁이는 쪽빛 바다

그 원시의 바다를

파도는 그리워하고 있다.

1999. 4. 24

진달래
―다카치호 상봉에서

산마루에 흐르는
자욱한 안개구름

보는 이야 있건 없건
진달래가 불탄다.

해풍에 납작 엎드려
무더기로 피었구나.

봄이면 뒷동산에
지천으로 피는 꽃

지금쯤 태백산 산마루도
불타고 있을까.

꽃이야 국경 없으니

어디인들 못 피랴.

2001. 4. 8

석불 앞에서

해발 860미터
산마루에 모셔 놓은
작은 석불 앞에서 합장한다.

건강한 몸으로
자주 예불할 수 있게
해 달라고.

한국의 부처님과
일본의 부처님이 다를 리 없고
내 마음에 있는 부처님 또한 같은데

항시 자비로운
부처님 품안에 있으면서
그 불심 잊고 사는 나의 어리석음이여.

1999. 4. 18

*붓쵸산佛頂山 정상에는 백제의 석불을 모셔놓고 있다.

꿈에 본 자화상

염라대왕께서 물으신다.

바둑을 둘 줄 아느냐.

모릅니다. 시간을 잡아먹는 화적이라 생각하고 아예 배우지 않았습니다.

골프를 쳐 보았느냐.

테니스도 못 치는 주제에 어찌 골프를 치겠습니까.

그럼 승용차 운전은 할 줄 아느냐.

운전 면허증을 따겠다고 핸들을 잡아 본 적이 없습니다. 직장 가까이 집을 옮겨 출퇴근 시에는 항상 걸어다녔습니다.

예끼 이 녀석 도대체 무슨 재미로 살았느냐, 그 많은 시간을 어디에다 썼단 말인고.

본직 이외에 더러는 등산도 하고 서도를 즐기며 이것저것 기웃거리다 보니 어느 것 하나 제대로 이루어 보지 못하고 어중개비*가 되고 말았습니다.

우물도 한 우물을 파야지 그렇게 욕심이 많으니 자업자득이야. 그렇다면 집안 일은 얼마나 도왔느냐.

창호지 한 장 발라 보지 않고 못질 하나 제대로 쳐보지 않았습니다. 그것을 이제야 뼈저리게 후회하고 있습니다. 대왕님 거듭 태어나게 해 주신다면 이번만은 후회 없는 인생을 살아가겠습니다. 부디 저의 애원을 들어 주옵소서.

고얀놈 다 보겟네. 이렇게 욕심 많은 놈 보았나. 어디 엿장수 마음대로 그것이 그리 쉬운 줄 아느냐. 내가 이 자리에 앉고는

한 번도 그런 일은 없었어. 당장 저놈을 끌어내어 연약한 부인을 혹사한 벌을 톡톡히 치르도록 하라. 고독이 가장 큰 아픔이란 것을 아직도 모르는 모양이지.

  끌려나가는 내 모습이 더욱 초라해지고 등에는 식은땀이 촉촉이 밴다.

1999. 3. 9

*어중잡이(경남)

음지 양지

겨울엔
따뜻한 양지 서로 찾더니

여름엔
시원한 나무그늘 서로 찾네.

양지가 음지 되고
음지가 양지 되는 게 자연인데

양지라고
너무 좋아할 것 없고

음지라고
너무 낙담할 것 없네.

오늘의 음지가

내일은 양지 되리니.

1999. 5. 13

대상포진 帶狀疱疹

애써 잠들었는데
옆구리 아랫배의 통증으로
눈을 떴다.

아프다는 것은
살아 있다는 증거다.

어릴 때 걸음마 배우듯
배를 움켜쥐고
측간을 찾는다.

살아간다는 것은
죽어 간다는 것

삶과 죽음이 하나라는
자연의 이치를

체득하며 하루를 보낸다.

그래도
울타리엔 줄장미 붉게 피고
새 소리 싱그러운 아침이 온다.

2000. 5. 31

손

내 손등에서
내 나이테를 본다.

부드러운 고사리 손이
풍도風濤에 씻겨 잔주름 늘고

이젠 여기 저기
검버섯이 피기 시작한다.

내 손등에는
내 영욕의 정신사가 새겨져 있다.

세상 모든 것을
다 가질 것처럼 탐욕스러웠던 손

이순이 되어서야

허망의 거품이 빠져

이젠 나이테만큼
얼굴값을 해야겠다고

빈손으로 가야 할 몸
두 손 모아 다짐해 본다.

1999. 4. 16

초침 소리

째각째각
시계의 초침 소리가

어두운 밤
적막을 깨고 있다.

저 소리에
내 꿈의 모래알이

한 알 한 알
허물어져 가고 있는데

밤이
새벽을 잉태하듯

추억은

잔잔한 파도로 밀려오고 있다.

1999. 4. 30

문풍지 우는 밤

겨울밤 강바람 몰아쳐
전신주가 잉잉 울면
문풍지도 덩달아 가늘게 흐느낀다.

호롱불 심지 돋우고
흔들리는 불빛 아래 바느질하며
어머니는 누나에게 옛 얘기 들려 준다.

내일 아침이면
큰 강 얼어붙어
나룻배가 묶이겠구나.

호롱불 입으로 확 불어 끄면
새까만 어둠이 밀려와
강촌의 밤은 깊어만 간다.

2000. 10. 25

제3시집

집어등

2005년

꽃들의 함성

태풍 매미가 할퀴고 간
금정산 산마루에

잎이 지고 뿌리째 흔들려
기진맥진했던 진달래 개나리가

다사로운 가을 햇볕 받아
활짝 꽃을 피웠다

내 살아 있음을
온 세상에 알리려는 듯

여린 꽃들의 함성이
파란 하늘에 메아리치고 있다

2003. 10. 23

집어등 集魚燈

삼경이 타오르는
오로라 보며
잠들었는데

깨어보니
집어등의 바다
날개를 펴다

어화 漁火 와
어군 魚群 이
요동치는 신 새벽

먹이 찾아
빛을 찾아

무리지어 쫓는

처절한

장정長征

　　　　　　　　　　　　　　　　2004. 2. 18

파도

하얀 거품
내뿜으며

쉼없이
밀려온다

묵묵한
황소걸음으로

바람도
하늘도 모르는

그 속을
누가 알랴

가슴에 맺힌

한을

2004. 3. 21

이별 연습

병원 문턱을 넘으면서
이제 슬슬 이별 연습을
해야겠다는 생각이 스쳤다

어디서부터
시작해야 할까

아내에게는
빚만 지고 간다고
시린 손 잡고 눈인사하고

자식들에겐
진인사대천명으로
올곧게 살라 이르고

다정했던 친구

이웃들에겐 환한 표정으로
고마웠다고 손 흔들며

웃으며 헤어지는
연습이라도 해야 할까

모두가
부질없는 일

어느 날
강 마을 타는 노을
낙일落日처럼 떠나가야지

2004. 11. 26

파도야 파도야

파도야
천년 바위가
너를 달래주랴
성난 파도야

해심海心 깊이
사무친 분노
어떻게 하면 잠재울 수 있을까
파도야

지구촌 그 어디인들
탐욕의 강물
네게로 달려들지 않는 곳 없으니
넌들 어찌 온전할 수 있겠느냐
파도야

밝은 햇빛
흘러가는 구름
밤하늘의 달과 별도
끓어오르는 슬픔
달랠 수 없으니

파도야
갯바위가 모래톱이 되도록
밤낮없이 네 가슴 뜯는구나
성난 파도야

2004. 4. 3

추수

시골 신작로
버스로 달리면

노랗게 물든
미루나무 잎새

들판 볏가리 위
가을 햇살 넉넉한데

빚에 눌린 농부마냥
옹색한 나의 가을걷이

2002. 11. 4

자유

자유는
어디에 있을까

지하철역
노숙자가 늘어나는 계절

찾으려 해도
끝내 몸을 숨겨 버리는

자유여
너의 깃발이 왜 이처럼
찢어지고 퇴색되어 가는가

영롱한 꿈
가슴에 펄럭일
눈부신 깃발이여

2003. 1. 15

염원

어떻게 사느냐의 문제는
어떻게 죽느냐의 문제다

후회 없이 살자는 말은
후회 없이 죽자는 말이다

어차피 역려과객逆旅過客
꿈을 좇아 전력투구 하다가

어느 날 조용히 웃으며
노을 비낀 하늘의 낙일이 되고 싶다

1999. 4. 9

멸치젓

한 바다 팔팔하게
뛰어놀던 꿈 접고
속을 비워버린다

오장육부 녹아내려
피보다 진한 체액
흥건히 익어갈 때

절이 삭이야
맛이 든다는
송곳 같은 소리
항아리 가에 맴돈다

2004. 1. 18

노숙자

전신주
까치집을 헐고 있다

엄동설한 긴긴 밤을
어디에서 지친 날개를 접고
지새우려 하느냐

새우등으로
꿈꿀 자리라도 마련해야지

동구 밖
훤칠한 미루나무에
둥지를 틀고
새끼 다독거리며

기쁜 소식 물어나르던

그 싱그러운 아침을
어찌 잊으리

2004. 2. 18

휘파람에 날리고

우리 옆집
선희 엄마는
4·3때 제주도에서 뭍으로 나와
구덕포 바닷가에 둥지를 틀었다

궂은 날 아니면
하루도 빠짐없이
가난을 두렁박에 달고
물질하러 나간다

무심한 하늘
쌍돛대로 박차고
바다 밑 훑으며
성게 해삼 전복을 딴다

하많은 시름

휘파람에 날리고
물새 울음소리
해풍에 가슴 씻는다

                                        2003. 4. 19

포구의 아침

밤새도록
윙크하던 등대
제물에 지쳐 숨죽이고

양식어장
하얀 부표
작은 고깃배도 졸음에 겹다

수평선 붉게 물들어
갈매기떼 나르고
바다가 기지개를 켜면

포구에
똑딱선 돌아오고
피등피등한 아침이 열린다

2003. 4. 3

석탄일에

아픈
가슴

업장 두터워
평생 갚아도

못다 갚을
큰 빚

잠시 짐 부리고
먼 바다 바라보면

마음은
깃털보다 가볍다

2004. 5. 26

수평선

고압 전선이
수평선에 걸려 있다

'사라', '매미' 보다도
더 큰 태풍의 눈 이글거린다

달아오르는 열기
깊숙이 삭이면서

거친 숨결로
맨살 비벼대며

하늘과 수평선이
입 맞추고 있다

                                      2004. 5. 25

현해탄은 알리라

시카노시마志賀島 해변에서
현해탄을 바라본다

윤심덕의 '사의 찬미'
물새 울음에 실려오고

징용 정신대로 끌려가는
애끓는 신음소리

현해탄은 알리라
그 암울한 수난의 역사를

무심한
흰 구름

2000. 4. 8

바다소리 1
―해명海鳴

밤새 몸을 뒤척이며
가슴앓이 하는
지칠 줄 모르는 절규

먼동이 트고
샛바람이 멎으면
잠재울 수 있을까

산 속 헤매다
홀로 절벽에서 울부짖는
산짐승 울음 같은 저 절규

2003. 4. 22

바다소리 2
―독경

아득한 수평선
얇은 구름 사이로
금빛 부챗살 뻗칠 때

온밤 들썩이던
원혼의 아우성도
물결 위에 잦아들고

동자승의
해맑은 독경소리
파도에 실려온다

2003. 4. 23

바다소리 3
―등대

저 멀리
화물선이 파도를 베고
섬처럼 누워 있다

두고 온 정 못 잊어
물결은 저렇게 방파제의
가슴을 치고 있는 걸까

언제나
서 있는 등대
종일토록 이슬비 젖는다

2003. 4. 24

눈 감으면

달빛 하얗게
물결 위에
바스러지는데

구름 타고
하늘을 날던 꿈
파도에 실려 가고

눈 감으면
바다가 내가 되고
내가 바다가 된다

2003. 4. 25

아침 산책

1

구덕포 뒷산을 오른다. 오솔길에 풀이 무성하게 자라 바지 가랑이가 이슬에 촉촉이 젖는다. 새소리 들려오는 풀숲에서 놀란 꿩이 소리치며 날아갔다. 산 중턱 울창한 잡목 사이 등산 길 따라 걸으면, 뻐꾸기 소리에 아침이 더욱 한가롭다. 포구가 한 눈에 들어오는 바위에 앉아 바다를 본다. 언제 보아도 바다의 표정은 다르다. 어제와 오늘의 표정이 다르듯이 바다소리도 다르다. 어디 바다 풍경과 해조음뿐이겠는가. 삼라만상이 다 변하고 있는 것을. 구 구 구구 목쉰 멧비둘기 울음이 빈 가슴을 적신다.

2

간밤에 세차게 내리던 비 멎고 활짝 개인 아침, 바다에서 떠오르는 장엄한 해돋이를 보면서 구덕포의 리아스식 해안을 걷는다. 잔잔한 물결이 밀려오는 어느 바위에서 무당이 굿을 하고 있다. 비명으로 익사한 아들의 원혼이라도 잠재우고 있는 것일까. 연신 바다를 향해 절을 하는 여인의 모습이 애처롭다. 정한 모래사장에 새로운 발자국을 남기며 대섬竹島으로 갔다. 끝없이 밀려오는 파도, 포구로 돌아가는 어선 위를 갈매기가 나른다. 송일정松日亭에 올라 가부좌하고 먼 바다 바라보다가 마음 추슬러 되돌아오는데 모래 위에 남긴 내 발자국 밀물로 깨끗이 씻겨 가고 없었다.

2003. 4. 5

동래 파전

할매 파전집을
찾는다

동래 가랑파
언양 미나리
기장 해물

보기만 해도
군침이 도는
파전에 동동주 곁들여
봄을 마신다

세월의 강을
거슬러 오르면

초가집 마루에서

곱다니 할매[*]

우하雨荷

향파向破

요산樂山^{**}의

걸쭉한 입담

호탕한 웃음소리

돌담에 스며드는

농익은 해학을 씹는다

2003. 1. 16

*곱다니 할매: 1960~70년대 당시 제일식당 주인 추강秋江여사.
**우하 朴文夏, 향파 李周洪, 요산 金廷漢

길

길이
있었네

철새 들짐승의
어수선한 발자국

사람이
길을 열었네

바다엔들
어디 길이 없으랴

오고 가지 아니하면
길이 되지 않는 것을

가고 오면

길이 되는 것을

2003. 2. 18

송정 바닷가에서

문득 떠오르는
너의 이름
목청껏 불러본다

상기
아물지 않는
가슴의 생채기에

한 줄기
소나기가
지나간다

6월의 햇빛
모래톱에
내려꽂힐 때

사공도
나룻배도 없는
강나루를 건너간 너

오늘
바닷가 거닐며
못 잊어 불러보는

그 이름
갯바위에
파도로 부서지는구나

2004. 2. 26

구덕포의 달밤

방파제 너머
떠오른 둥근 달이

슬그머니
바다에 내려앉아

은빛 파도
밤들이 애무하다가

먼동이
틀 무렵

누가 볼세라
종종걸음으로

달맞이고개

넘어간다

2004. 6. 2

땅끝마을에서

사자봉에 올라
올망졸망 눈부신
다도해를 본다

오대양 육대주로
이어지는 길
어째서 땅 끝인가

뒤돌아서면
압록강 두만강 넘어
아시아 대륙
유럽 대륙으로
철마가 달리는 길
어째서 땅 끝인가

끝은 시작에 이어져 있어

시작이 끝이요
끝이 시작인데
여기 땅 끝에 서서
열린 바다 열린 하늘
비상의 날개 한 번 펼쳐 보자꾸나

           2004. 6. 11

파도 2

겨울 바다
파도가 암벽을 할퀸다

하얗게 부서지면
잇달아 밀려온다

바다와 하늘이
맞물린 아득한 수평선

갈매기 떼
고동소리를 듣는다

2003. 1. 5

제4시집

풀무

2010년

그리움

안 보아도 보인다
눈 감아도 보인다

귀 막아도 들린다
잠들어도 들린다

마음의 굳은살이
가리가리 터져

가파른 암벽에
하얗게 부서진다.

2003. 1. 8

우포늪

수면을 뒤덮은
미나리아재비
마름 가시연

녹색융단 박차고
왜가리
백로 날아

새들의 숨소리
바람의 숨소리
늪의 숨소리

가까이 가면
들리지 않으나
멀리서 들으면
들리는 소리

생명의 숨결
태고의 숨결
새근새근 들려온다.

                                                        2005. 8. 10

풀무

속이 비어있어
굽히지 않고
움직이면 바람을 낸다.

움직임 따라
시시각각
불꽃은 모양을 바꾸고

무쇠에도
생명력을
불어 넣는다

무는
무한한 힘을 가지고
유를 낳는다.

유는
무에서 생겨
무로 돌아간다.

이름 있는 것
이름 없는 것
마침내 하나다.

                                              2005. 11. 30

아침바다

낮은 데로
더 낮은 데로
몸을 낮추니
저렇게 편안한가

청탁淸濁
가리지 않고
삭이고 새김질하여

잠자리 날개보다
더 투명한 몸짓으로
다가오는 잔잔한 미소

갯냄새
살갗에 묻어난다.

2003. 1. 9

해조음

울고 싶을 때 소리 내어

울 수 있다는 것은 행복한 거다

2006. 3. 12

그림자

눈이 내려
천지가 하얀데
바다에는 흔적이 없다.

산은
햇빛을 받으면
그림자를 드리우지만

바다의
그림자는
어디에 있을까

상기
지워지지 않는
내 마음의 그림자

차라리

햇빛을

담아두지 말았어야 할 것을

                                                  2003. 1. 6

지리산 · 2
―고사목

산 나무 죽은 나무가
숲을 이루고 있다.

산 나무들 사이에
꼿꼿이 섰는 고사목

희망이 보이지 않는데
어찌 패배할 것인가.

구천에도 가지 못한
가지 못한 영혼들이

고사목 가지를 붙들고
바람소리 물소리로
울어대고 있다.

2007. 5. 26

까마귀

아침에 눈을 뜨자
까마귀 울음소리

해질녘 돌아올 땐
더더욱 까욱 까욱

아서라
길조 흉조 어디 있나
모두가 마음인 것을

1999. 1. 19

연날리기

겨울강 언덕
언 손 불며
연을 날린다.

처음과 끝이
팽팽한 연줄
얼레를 감고 푼다.

능금알 같이
볼이 익던 처음
얼레를 타고 풀어진다.

노을 젖은 하늘
처음 같은 끝이
하늘을 적시며 난다.

처음과 끝이
팽팽하게 난다.

2008. 1. 5

연비어약

해와 달
하늘과 바다
산과 들
늪과 바람이
살아서 움직이며
살아서 숨 쉬니
모두가
스스로 자라고
스스로 크는
하나의 씨알.

씨앗 한 알 속에는
꽃이 될 싹이 담겨 있고
열매가 될 꽃이 담겨 있다.

하늘에는 솔개

연못에는 물고기
솔개는 물같이 흘러가고
물고기는 하늘같이 흘러가네.
물같이 하늘같이
나도 흘러가네

*연비어약鳶飛魚躍

  솔개는 하늘에 날고 물고기는 연못에서 뛴다. 천지만물이 조화로이 우주의 이치에 순응하여 살아가는 오묘한 작용을 뜻함. '시경詩經 대아大雅'〈한록旱麓편〉

2007 戊子년 新元

수성리 당산나무

1
동구 밖 당산나무
장골 네댓 명이
손 벌려 안아야 할
당찬 나무

오뉴월 땡볕에
논매기 하던 일꾼들
점심 먹고 드러눕던
어머니 그늘 같던 나무

밤이면
밤 같던 나무
등잔불을 끄고
뒤척이는 소리를 내던 나무

2
누가 심었는지
언제 심었는지
물어보면 다 모른다는
마을의 수호신

해가 바뀌면 동네는
당산제를 지낸다.
당산나무 앞에 엎드려
가장 낮은 자세가 된다.

풍골 좋은 할배
목욕하고 새 옷 갖추고
이런 소원 저런 소원
나무에게 들려준다.
얼마 안 있으면
나무가 될 할배

나무와 말을 한다.

3
팔십 호가 넘던 마을에
이주명령이 떨어졌다.
버텨도 보지만
나랏법은 당산나무보다
높다랗고 굵다랗다.

이주가 고비를 넘기자
태풍이 불었다.
높다랗고 굵다란 태풍이
나무에서 매미소리를 쓸어갔다.
마을에서 매미소리를 쓸어갔다.*

매미소리를 쓸어간 자리
나무만 남아

얼마 안 있으면
나무가 될 할배처럼
나무에게 말을 한다.
이제 떠날 때가 되었노라.
나를 버릴 때가 되었노라.

떠날 때를 아는 나무가
버릴 때를 아는 나무가
마을을 굽어보고
마을에 있던 사람을 굽어보는
수성리.
수성리 당산나무.

2003. 9. 20

* 2003. 9. 13 '매미'태풍이 나무를 밑둥치에서부터 쓸어갔다.

장산 돌꽃

장산
너덜겅에
이슬 머금은 매화
몽우리를 터뜨리다.

차가운
밤하늘
별을 향한
아픈 추억

그리움이
돌을 태워
심장에
수繡를 놓고

날이 새면

빛 부신 햇살

까치소리에

무구한 얼굴 내민다.

2008. 1. 20

명경지수

니가 머꼬
거울 앞에 서서
한 번씩 웃네.

웃으면 웃는 대로
찡그리면 찡그리는 대로
담아두지 않네.
안에 두지 않네.

바뀌면 바뀌는 대로
바뀌지 않으면
바뀌지 않는 대로
흔들리지 않네.
언제나 그대로네.

구별하지 않네.

아름다움과
아름답지 않음
다르게 보지 않아
언제나 자유롭네.
언제나 맑네.

          2009. 1. 1(己丑年 頌春詩)

강촌의 밤

눈 뜨면 사라지고
눈 감으면 그대로 있네.

밤은 깊어
등잔불 하나둘 꺼지고

소년의 꿈은
별빛으로 깜박이네.

상전이 벽해 되듯
마을이 수변공원 되어

온갖 것 다 변해도
안 변한 것 하나 있네.

강물에 출렁이는 달빛

그것이네.

2009. 2. 1

사우 思友

어어이 친구야
정말 반가워
연신 두 손 흔들며
다가가도 눈만 멀뚱멀뚱

끝내 나를
알아보지 못하는
그들 가슴팍을 치며
울먹이다가 잠이 깨었다.

하기야 그들은
싱싱한 풋살구
젊음 그대론데
어찌 알아보리
나도 알아보지 못하는
나

다시 맞는
경인년 새봄
강 언덕 타는 노을
홀로 바라보며
개나리 꽃잎
강물에 띄운다.

                                                     2010. 3. 20

편지*

보고지고　보고지고　보고지고
보고지고　보고지고　보고지고
보고지고　보고지고　보고지고
보고지고　보고지고　보고지고

나도 나도 나도 나도 나도 나도
나도 나도 나도 나도 나도 나도
나도 나도 나도 나도 나도 나도
나도 나도 나도 나도 나도 나도

2010. 8. 8

* 일제 말기 징용으로 끌려가 어느 일본의 탄광에서, 주고받은 한 무지렁이 부부의 애틋한 사랑편지. 누런 마분지에 몽당연필로 꾹꾹 눌러 꽉 채워 놓았다.

희한한 병

 어느 날 오른쪽 눈에 구름이 낀 듯 흐려져서 왼쪽 눈을 가리고 보았더니 한 일 자가 구부정하다. 구부정한 사물을 바르게 보는 것도 바르지 못하지만 바른 사물을 구부정하게 보는 것도 바르지 못한 것 아닌가.
 병원에서 눈 검사를 마치고 의사에게 원인을 물으니 맥락망막병증이니 폐쇄우각 녹내장이니 황반변성이니 하는 별 희한한 병명을 내놓는다. 희한한 병명을 갖고서도 살 만큼 살면서 용케 안경 끼지 않고도 잔글씨 콘사이스까지 보고 살았으니 복되다 내 눈!
 복되다 내 눈. 더욱 소중히 쓰다가 반납해야지. 더도 말고 덜도 말고 있는 그대로를 볼 수 있게 해달라고 구부정한 건 구부정하게 보고 바른 건 바르게 보게 해 달라 소망하면서 병원 문을 나선다. 해거름 햇살에도 눈이 따갑다.

                                         2008. 12. 19

태풍 · 해일

분노해야 할 때

분노하지 않는 것은

죽은 목숨이다.

2006. 9. 27

꽃댕강나무

나루공원 길섶에 꽃댕강나무 꽃이 가을 햇빛을 받아 하얗게 피어 있습니다. '원산지 한국, 5월에 핀다.'고 적혀 있는 표지판이 무안해서 어쩔 줄 모릅니다. 그런 것 아랑곳없이 아기의 여린 손을 모은 듯 순백색 꽃잎이 방긋거리고 있습니다.

유심히 보는 이보다 무심히 지나가는 이가 더 많아도 주눅 들지 않는 꽃, 싱그러운 신록의 햇살이면 어떻고, 초가을 따뜻한 햇볕이면 어떻습니까. 내 몸을 어루만지는 포근한 촉감, 내 가슴을 설레게 하는 바람, 타는 목마름을 적셔주는 물결, 새들의 지저귐이 있으면 그만인 걸요.

요즘같이, 시도 때도 없이 계절을 모르는 과일이 쏟아져 나오는 세상에 이게 무슨 대수로운 일입니까. 모두가 심상한 일이니 그저 있는 그대로 보아 주세요.

2006. 9. 25

가벼움에 대해

"배가 텅 비었다.
주먹밥을 하나만 먹고 싶다.
25일간 밥을 먹지 못했다."

세계 제2경제대국
일본 기타규슈에 사는
52세 사나이가
죽은 지 한 달 만에
미라가 돼 발견되었다.
몸에서 한 달치가 줄어든
가벼운 미라였다.

일자리를 찾다가
주먹밥을 찾다가
사나이는 자유가 되었다.
자유가 되어 가벼워졌다.

복지가 무어냐고
절규하던 사나이 일기장
한 달치가 빠진 일기장이
가볍다.
무겁다.

2007. 10. 13

누구를 탓하랴
―경인년 석탄일 아침에

내가 맺은
숱한 매듭
내가 풀어야지
누구를 탓하랴

차마고도茶馬古道
좁은 비탈길
무거운 짐 지고
오르는 마방馬幇되어

설산 협곡
흩어지는 물소리 따라
흩어지는 구름 따라
아득한 길
오늘도 걸으리.

내가 맺은
숱한 매듭
풀 수 있다면
구름 위를 걷듯
오늘도 내일도
걷고 또 걸으리.
오늘도 내일도
내가 나를
풀어가리

파도소리

철썩철썩
가슴에 출렁이는
파도소리 때문에
하얀 밤 지새우다가

이제는
철썩철썩
파도소리 없이는
잠들지 못한다.

회한도
분노도
애상도
하얗게 헹구어 주는
어머니의 자장가
철썩철썩 처얼썩

2005. 3. 15

꿈같이 아득한 세월

어제는 봄꽃 피고
오늘은 비바람 몰아치고

돌아보면 꿈같이
아득한 세월

마주보고 웃으며
지난날 회고할

그런 행복
영영 앗아가 버린 그대여

1999. 3. 31

영상

꽁보리밥 소금국에
굽이굽이 눈물이요

간수 몰래 주워 피우는
꽁초마다 꿀맛이네.

찜통 같은 방
글씨가 너무 낯익어

대구對句를 써 놓았다고
얘기하며 눈시울 적시던

그도 가고
낙서의 벽도 가고

그도 낙서도

흔적조차 찾을 길 없지만

내 가슴에서 아직
떠나지 못하는 영상이여

뜨거운 여름은
돌아오고 있는데

뜨겁게
돌아오고 있는데

2010. 7. 27

미련

서재를 정리한다
꼭 필요한 책만 남기고
나머지는 대학도서관에
기증할 책을 뽑아낸다.
손때 묻은 책을 골라낼 때마다
딸아이 시집보내는 심정이다.

언젠가는
이보다 더 소중한 것도
다 버리고 훌훌 털고
빈손으로 떠나게 될 것인데

그처럼 아깝게
생각할 것은 없지 않는가.
책장에 꽂아놓고
일 년 내내 한 번도

들추어보지 않을 바엔
남들이나 읽을 수 있게 해야지

큰마음 먹고 골라내지만
남은 책이 꽤 많다.
아, 나는 언제쯤 나를
온전히 비울 것인가.

1999. 3. 24

남겨두는 말

금시 세상이
끝장날 것 같은 어느 날
하얀 종이와 봉투를 나누어주며
유언을 쓰고
머리카락 손톱발톱 잘라 넣으라는
세상 끝장날 것 같은 명령
떨어졌다.

머리카락 자르고
손톱발톱 잘라 넣는 것쯤이야
그리 어렵지 않으나
끝내 쓸 수 없는 유언장
백지를 그대로 넣고 말았다.

말이 되는 소리를 해야지
꽃도 피워보지 못한 나이 열아홉

종이에 써 넣을 수 없었다.
봉투에 밀어 넣을 수 없었다.

그로부터 60년
세상을 덮치는 파도
한 발 뒤로 한 발 옆으로 피해 다니며
고래 힘줄같이 살아온 세월
이젠 스스로 유언장을 쓴다.

이런저런 감당 못할 병으로 넘어지거든
나를 붙들어 세우던 의식이 넘어지거든
산소마스크 아예 끼우지 마라
나를 억지로 연장시키지 마라
넘어지는 의식
넘어지게 놔두는 것도 효다.

평생 경제학으로 분필가루 마셨지만

돈하고는 인연이 먼 사주팔자
물려줄 재산 별로 없으나
마음은 종잇장처럼 가볍다.

문득 창밖을 내다보니
하얀 물새 떼 강을 밀며
낭창낭창 미끄러지듯 날아간다.

2009. 10. 23

시인의 산문

나의 시詩 등단기

나는 30여 년간 재직했던 부산대를 정년퇴임하고 일본 후쿠오카국제대학 교수로 제2모작 인생을 시작하면서, 새로운 내 정신세계를 구축하기 위해 다시 시를 쓰기 시작했다. 40년의 오랜 휴면 기간이었다.

돌이켜 보면, 나는 청소년 시절 열렬한 문학 지망생이었다. 6.25 전쟁 중에는 위생병으로 참전하여 중부전선의 참호 속에서도 시를 썼다. 누구의 지도를 받은 적도 없이 오직 꿈과 열정으로 죽음과 삶이 분별될 수 없는 현실을 노려보며, 그래도 내일을 믿어 보려는 몸짓으로 시를 썼던 것이다.

휴전 후, 대학시절에는 전쟁의 폐허에서 문학지망을 포기하고 경제학을 전공했다. 그래도 미련이 남아 시동인지 〈돌샘石泉〉을 통하여 작품 활동도 하고 더러는 일간신문과 대학신문에 작품을 발표하기도 했다. 그러다가 1959년 습작 노트에서 1950-53년 전쟁시기의 15편과, 휴전 후 1954~59년의 15편을 골라 30편으로 엮어 김용호 시인의 서문을 받아 첫 시집 〈위치位置〉를 출간했다.

당시 김용호 선생은 〈푸른 별〉, 〈남해찬가〉 등으로 널리 알려진 유명 시인이어서, 내심 주저스러우면서도 용기를 내어 이주홍 선생 소개 편지를 들고 서울 자택을 찾아갔던 것이다. 선생께서는 찬찬히 원고를 읽어보시고 쾌히 서문을 써 주시겠다는 말에 얼마나 기뻤는지 모른다.

서문 말미에는 이렇게 써 놓았다. '하늘의 별은 역시 우리들에게 있어서 신비로운 매력적인 존재다. 이제 우리 시단에 하나의 별이 탄생하였음을 우리들은 본다. 이 별이 그 광망을 더욱 빛내고 보다 오랜 광년을 가질 수 있는 것인가 어떤가는 오로지 내일의 과제라고 생각된다. 이러한 의미에서 시집 〈위치〉의 작자는 그러한 정신적 작업을 끊임없이 꾸준히 지속할 것을 바라면서 그의 보람 있는 첫 작업을 같은 대열에 선 동지적인 입장에서 경하하며 기대하는 바이다.'

이 서문에서 인용한 '사랑하는 것을 위하여'라는 줄시를 여기에 그대로 옮겨 본다.

사랑하는 것을 위하여

어둡고 흐린
매서운 바람이 불던
어느 한밤

유독이 작열의
빛을 머금고

빛나는 별의 행렬 속에

또렷한
원광圓光을 그리면서
스러져 간 사랑하는 별들이 있었다.

오늘 이 흐린
밤하늘 위에
아 사랑하는 것을 위하여

어느 계곡
깊은 밀림 속에
빛을 던질 유성이 되었으리니

차라리
눈물 속에
너를 보낸 내사

가슴 두드리며
차디찬 이녕泥濘속에
석고처럼 여기 서서

사랑하는 것을 위하여
아 다시는 오지 않을 너를 위하여
내 이 밤 지키며 이 시를 읊노라.

(1952. 8)

 이렇게 김용호 선생 서문을 받아 이주홍 선생 표지그림으로 나의 첫 시집 〈위치〉는 1959년 11월 세기문화사 간행으로 햇빛을 보게 되었다. 20대의 내 정신사를 정리한 셈이다.

그리하여 그해 크리스마스이브에 첫눈이 내리는 중앙동 '설야 다방'에서 출판기념회를 가졌다. 이주홍, 김정한, 김태홍, 박철석, 손동인 선생 등 문인들과 친지들이 참석하여 성황을 이루었고 살매 김태홍 선생께서는 부산일보에 신간평을 써 주셨다.

그러나 이러한 주위의 기대를 저버리고 나는 오랫동안 시를 쓰지 않았다. 왜냐하면 두 마리의 토끼를 좇다가는 한 마리도 못 잡을 것 같은 긴장감 때문에 전공인 경제학 쪽으로만 관심을 쏟고 매달렸던 것이다.

그런데 이제 와서 되돌아보니, 나는 반듯한 경제학자도 못되었거니와 시인으로서의 자리도 제대로 잡지 못한 '어중잡이' 꼴이 되고 만 것 같다.

그런데도 나의 제2모작 인생은, 처음처럼 꿈과 열정으로 이어져있어 후회는 없다. 담담한 심정으로 금빛노을 바라보며 강변길을 산책하면서 '여백의 자유'를 언제까지나 만끽하고 싶은 것이다.

해설

그리움의 바다
― 凡聲 이해주의 시세계

구모룡(문학평론가)

　이해주는 특이한 이력을 지닌 시인이다. 1959년 첫 시집『위치』로 등단한 이래 40여년의 침묵을 뒤로 하고『봄이 오는 소리』(2002년),『집어등』(2005년),『풀무』(2010년)를 상재하였다. 첫 시집을 통하여 일정한 평가를 받은 그가 시쓰기를 중단한 것은 학자로서 학문에 전념하려는 의지에 연유하는데 이는 또한 시를 단순한 여기(餘技)로 간주하지 않는 그의 입장에 따른 선택으로 보인다. 그렇다면 학자로서 일가를 이룬 그가 40년이라는 공백을 뛰어넘어 고희에 접어든 나이에 다시 시를 쓰게 된 까닭이 무엇일까? 말할 것도 없이 문사 교양을 체득한 그—경제학자이지만 유학에 정통할 뿐만 아니라 우리나라에서 유교 자본주의론의 첫 장을 열기도 하였다—이기에 시의 범위를 좁게 보지는 않았을 터이다. 어쩌면 그는 시를 내려놓는 대신에 시와 학문의 경계를 가로지르는 에세이를 붙들고 있었던 것 같다. 『덤으로 사는 인생』(1971년), 『소외 시대의 증언』(1981년), 『범성산고(凡聲散稿)』(1991년), 『오늘과 다른 내일』(2002년) 등 수필집을 10년 단위로 묶었기 때문이다. 이렇게 보면 시를 쓰고 발표하는 일은 그만 두었지만 그가 마음속의 시마저 버린 것은 아니었다고 할 수 있다.

시인은 제2시집 머리말을 통해 다시 시를 쓰게 된 계기를 '상실과 고독'이라는 경험적 상황을 들어 설명하고 있다. "짝 잃은 외기러기가 되어 1998년 일본 후쿠오카 국제대학 교수로 부임한 후, 처절한 고독 속에서 새로운 정신세계를 구축하기 위해 다시 시를 쓰기 시작하였다"는 것이다. 상처(喪妻)의 고통과 이국의 고절감으로부터 자기를 찾고 지키려는 의지에서 그는 다시 시라는 응결의 양식을 찾게 된다. 실존의 경험이라는 점에서 첫 시집과 제2시집의 계기는 유사하다. 첫 시집의 시쓰기가 전장(戰場)의 참혹한 상황 속에서 인간 조건을 응시하는 가운데 분출하였다면 제2시집 또한 '처절한 고독' 속에서의 자기 인식과 연관되기 때문이다. 이로써 40년의 상거(相距)는 일정한 연속성의 원리를 획득한다.

젊은 날 첫 시집을 내고 노년에 다시 시작을 재개하여 자기세계를 구축한 시인은 그리 많지 않다. 젊은 날 품었던 시에 대한 정염을 살아가면서 잃어버리는 경우가 대다수이다. 하지만 이해주 시인은 노년에 이르러 거듭 시적 열망을 뿜어낸다. 그의 내면에 인간과 자연에 대한 근원적인 사랑이 내재해 있었던 탓이 아닌가 한다. 그러므로 전장의 비극이 허무로 귀결되지 않고 상실은 그리움의 대상이 되며 살아있는 모든 것들은 저절로 그 이치를 따라 무엇이 되어 갈 것이라는 낙관적 전망 속에 놓여 있게 된다. 그는 모든 형상을 가지고 있으면서 삶과 죽음을 제 속에 다 품는 바다와 같은 세계를 그려 한다.

1. 폐허에서 핀 꽃

이해주 시인의 시적 출발은 전장의 상황과 함께 한다. 시인은 "죽음과 삶이 분별될 수 없는 전장"에서 "가장 불행했던 세대의 비극을 몸소 겪으면서 그래도 창창한 미래를 노려보며 내일을 믿어보려는 어쩔 수 없는 몸짓이 바로 이 시집"(『위치』의 「후기」에서)이라고 첫 시집을 규정하고 있다. 청소년 시절부터 지녔던 시에 대한 열망이 극한상황의 경험 속에서 시라는 형태를 얻게 된 것인데 여기서 시는 그의 '몸짓'에 다를 바 없다. 실제 그는 "위생병으로 참전하여 중부 전선의 참호 속에서도 시를 썼다."(「나의 시 등단기」에서) 그만큼 초기시는 삶의 절박함이 육화되어 있다.

> 노상/너는 무엇이/그리도 슬프기에/추야장 긴긴 밤을/막상 울어예는 것이냐/귀뚜라미여.//차라리/된서리 살을 저미는/소름끼치는 이 밤이 서러워/그렇게 어둠을 삼키며/새벽을 재촉하는 것이라면//귀뚜라미여/ 내 너와도 같이/쟁쟁한 목청을 가다듬어/긴긴 이 밤을 울리라/목청껏 울어 보리라. —1951. 9. (「귀뚜라미에게 부치는 노래」전문)

"귀뚜라미"에 투사된 시적 화자의 정황은 "된서리 살을 저미는/소름끼치는 이 밤"이라는 대목에서 잘 드러난다. "어둠을 삼키며/새벽을 재촉하는 것"이라면 종내 시적 화자 또한 울음으로써 희망을 구하겠다는 갈망을 표출하고 있는데, 참혹한 상황과 더불어 그것을 극복하려는 의지적 자아는 초기시의 빛나는 지점이다. 「밤의 광시 1」이 말하고 있듯이 시인이 직면한 현실은 청춘의 "푸른 꿈"을 끊임없이 파괴하는 "숨 막힌 전선", "광란의 꿈"을 불러일으키고 "슬픈 광상곡"만 들려주는 전쟁의 소용돌이다. 이처럼 부지불식간에 자아를 잃고 광란에 휩쓸릴 수 있는 지경에서 시인은 주체를 세우고 의지를 확인한다.

> 차라리 이 땅에/뼈와 살을 타고 삶을 받은 나이기에/별빛 찬연한 밤하늘을/눈물에 젖어 바라본다—벅찬 가슴 안고서… —1951. 12. 중부전선에서 (「밤의 고원에서」부분)

중부전선에서 쓴 「밤의 고원에서」의 마지막 연인데 결구의

"벅찬 가슴 안고서…"라는 설명이 주목된다. 시적 완결성을 따진다면 군더더기에 불과한 구절이다. 그럼에도 의지적 자아를 거듭 표명하지 않으면 안 되는 맥락적 의미가 와 닿는다. 그만큼 존재의 처지가 결연하다. 마치 더 많이 두드릴수록 단단해지는 쇠처럼 혹한의 상황이 악화될수록 시적 화자의 태도와 입장은 더욱 선명하다. 인용시와 같은 시기에 쓰인「제야의 노래」에서 시적 화자는 "이 밤이/다 새도록/진눈깨비를 휘날리어라/한결 매운 바람을 불게 하여라//낡은 천막/캄캄한 어둠 속에서/몽롱한 불빛 켜 들고/너를 보내는/〈제야의 노래〉는 그칠 일이 없을지니."라고 진술한다. 다가올 어떠한 고통도 감내하면서 희망을 버리지 않겠다는 천명이다.

> 봄은 오리라/종달새의 노래와/함께 오리라.//거친 이 빙원氷原에도/파란 새싹 돋아나고/아지랑이 나올지리라.//기쁨이 감도는/밭이랑마다/곡괭이와 삽을 잡는//봄은 오리라/종달새의 노래와/함께 오리라//항시 메마른 내 입술 위에/버들피리와 더불어/봄은 오리라. —1952. 2.
> (「봄의 서곡」 전문)

이처럼 동토에도 마침내 봄은 오고야 만다. 시인이 전쟁의 폐허에서, 모든 것들이 얼어붙는 동토에서 미래에 대하여 비관으로 돌아서지 않는 것은 그가 자연의 섭리를 믿기 때문이다. 겨울이 가면 봄이 오듯이 인간의 일도 나아질 것이라고 생각하는 것이다. 여기서 우리는 참혹한 전장에서도 시인을 일으켜

세우고 있는 동양적 자연주의의 이념에 주목하지 않을 수 없다. 이는 한편으로 시인이 전통적 사유에 바탕한 자연사상을 체득하고 있음을 의미하고 다른 한편으로 시인의 조숙한 면모를 시사한다. 전우의 임종을 지켜보면서 통곡하는(「임종의 그를 위하여」에서) 등 나날이 정신적 외상(trauma)을 피할 수 없는 처지이고 보면 시인의 자연주의는 차원 높은 인간주의를 포월(包越)한다.

어둡고 흐린/매서운 바람이 불던/어느 한밤//유독히 작열灼熱의/빛을 머금고/빛나는 별의 행렬 속에//또렷한/원광圓光을 그리면서/스러져간 사랑하는 별들이 있었다.//오늘 이 흐린/밤하늘 위에/아 사랑하는 것을 위하여//어느 계곡/깊은 밀림 속에/빛을 던질 유성이 되었으리니//차라리/눈물 속에/너를 보낸 내사//가슴 두드리며/차디찬 이녕泥濘 속에/석고처럼 여기 서서//사랑하는 것을 위하여/아 다시는 오지 않을 너를 위하여/내 이 밤 지키며 이 시를 읊노라. ―1952. 8. (「사랑하는 것을 위하여」 전문)

초기시의 대표적인 절창 가운데 하나인 이 시를 통하여 우리는 시인이 지닌 시적 지향의 원형으로 "사랑"과 그리움을 상정할 수 있다. 사랑은 타자의 현전과 더불어 자기를 변화시키는 경험이다. 이 시에서 "사랑하는 것"은 사람이기도 하고 사물이나 가치이기도 하다. "사랑하는 것"을 잃는 "나"는 진창 속에 "석고처럼 서서" "사랑하는 것"과 "다시는 오지 않을 너"를 그리워하며 "시"를 쓴다. 이러한 정황에서 "시"는 "서슬이 파란/

울창한 가시덤불 속에" 핀 "한 송이 노란 들국화"(「국화송」에서)와 같다. 인용시가 말하듯이 사랑은 "너를 위하여" "나"를 결박한다. 시쓰기는 이러한 사랑의 의식과 마찬가지로 자기로부터 타자와 풍경으로 나아가는 과정이다. 이해주 시인은 자칫 인간과 세계에 대한 회피로 귀결되기 쉬운 전장의 경험을 인간과 세계를 껴안고 시적 지평을 개진하는 지향으로 변용한다.

초기시를 통하여 시인은 전장과 동토의 고통 속에서 의지와 희망을 일깨우고, 비극적 세계에서 무서운 낙관을 뿜어내는데, 이러한 '무서운 낙관'은 첫 시집을 관류하는 주조음에 속한다. 가령 1958년에 씌어진 「황소」는 당대의 정치적 상황에 대한 우의를 내포하는 가운데 그 어떤 억압과 지배에 굴하지 않는 선연한 결기를 표출하고 있다. 말할 것도 없이 전후의 현실에서 젊음의 방황과 고독을 피하긴 어렵다. 그래서 시인은 "거미줄마냥/얽히고 밀려오는 인적의 물결 속에//또는 숨 가쁜 아스팔트를/무수히 굴러가는 차량들의 둔주遁走를 바라보면서//지나치게 무성無聲한 내 위치를/느끼는 것은 무슨 까닭인가"(「위치」에서)라고 자신의 존재론적 "위치"에 대하여 의문을 제기하기도 한다. 하지만 "꽃망울 같이 활짝 틔어올 새 아침"(「낙조」에서)을 고대하고 "애타게 봄을 기다리는 내 마음"(「회상」에서)은 여전하다. 시인의 마음엔 "산바람 멎질 않고/이만치 젊음이 저려드는 위기에서도/상기 지워질 수 없는/가슴 속 숱한 장미의 행렬"(「항구의 경사지에서」에서)이 있을 뿐 아니라 "또 하나 저버릴 수 없는 전망"(「전망」에서)이 있다. 이처럼 시인은 전장의 참혹한 동토를 버텨내고 전후(戰後) 폐허의 거리에서 새로운 세계를 향한 "전망"을 얻는다. 아마 모르긴 해도 이러한 전망이 그로 하여금 학문, 그것도 경제학으로 이끈 것이 아닐까?

2. 그리움과 추억

이해주 시인이 40년의 공백을 넘어 다시 시를 쓰게 된 것은 앞에서도 말했듯이 아내를 잃은 뒤 이국 일본에서 고독한 생활을 하는 데서 비롯한다. 물론 이러한 삶의 조건 변화만으로 그가 재개한 시작의 과정을 모두 설명할 수는 없을 것이다. 오랫동안 의식과 무의식의 저편에 꿈틀대던 시심이 비로소 발동한 것으로 볼 수도 있기 때문이다. 여하튼 제2시집 『봄이 오는 소리』는 자기를 돌아보면서(가령 「꿈에 본 자화상」을 보라!) 어머니와 아내 그리고 고향과 유년과 같이 잃어버린 것들을 그리워하는 추억의 양식으로 채워진다. 향수나 추억은 과거의 깊이로 빠져드는 행위이지만 대상이 지닌 순수함으로 장래에 대한 예감으로 되돌아온다. 이러한 점에서 첫 시집과의 무거운 거리를 극복하면서 가볍게 새로운 시적 지평으로 나아가는 데 있어서 추억의 양식은 필연적 과정이다.

겨울밤 강바람 몰아쳐/전신주가 잉잉 울면/문풍지도 덩달아 가늘게 흐느낀다.//호롱불 심지 돋우고/흔들리는 불빛 아래 바느질하며/어머니는 누나에게 옛 얘기 들려준다.//내일 아침이면/큰 강 얼어붙어/나룻배가 묶이겠구나.//호롱불 입으로 확 불어 끄면/새까만 어둠이 밀려와/강촌의 밤은 깊어만 간다. (「문풍지 우는 밤」 전문)

추억의 한 장면을 담담하게 서술하고 있지만 시적 진술의 이면에 있을 법한 많은 이야기들이 생략되어 있음을 알 수 있다. 그것은 어머니가 누나에게 들려주는 옛 이야기이기도 하고 바느질 내용이기도 하다. 이 시에서 연의 전환은 밤이 깊어가는 과정과 일치하는데 "내일 아침이면/큰 강 얼어붙어/나룻배가 묶이겠구나."는 3연이 시적 정점을 이룬다. 시적 화자의 서술 대신 어머니의 생생한 목소리가 등장함으로써 추억의 시간은 눈앞의 현장으로 달려온다. 4연으로 시적 화자의 위치를 명확하게 판단할 수는 없지만 이 시는 추억 속의 "나"를 설정하여 그리움의 감정을 절제하면서 시적 묘미를 이끌어내고 있다.

단추를 단다/손끝에 피가 밴다.//살림 살고 아이들 키우고 남편 수발하는/그 어렵고 번거로운 일을/어찌 연약한 몸으로 혼자서 다해 냈을까.//등잔불 밑에 양말을 꿰매며/옛 얘기 들려주던 어머니 손길/형광등 아래 재봉틀 소리/아이들 옷 만들던 아내의 손길.//창밖에는 눈이 내리고/썰렁한 다다미방/단추를 단다.//그리운 얼굴들/눈에 이슬이 맺힌다. (「눈 오는 밤에」 전문)

「문풍지 우는 밤」과 달리 이 시는 시적 화자가 처한 현재의 위치에서 "어머니"와 "아내"를 그리워하는 내용을 서술하고 있다. 홀로 단추를 달다 그 어려움에 직면하면서 어머니와 아내의 능란한 "손길"을 떠올리게 되는 것이다. 이 시 또한 어머니와 아내에 얽힌 많은 이야기들을 2연과 3연처럼 간단하게 요약하고 있다. 그런데 수미상관의 형식이라는 관점을 따를 때 이 시는 4연을 결구로 삼았어야 한다. 그럼에도 시인은 "그리운 얼굴들/눈에 이슬이 맺힌다."라는 5연의 설명을 덧붙인다. 감정의 증폭을 시 속에 포함시키지 않을 수 없는 화자의 심경 탓이다. 다시 말해서 시의 미적 효과를 어느 정도 희생하더라도 정서의 표출을 감행하겠다는 시인의 의도가 개입하고 있는 것이다. 이러한 사정은 「어머니」의 경우 매우 노골적이다. 그야말로 고백적 자아가 생경하게 드러나 있는데 이 또한 "고희를 앞둔 나이"의 시인의 어조라는 점에서 어느 정도 의도된 결과라 하겠다. 나이를 불문하고 발화의 대상이 "어머니"라는 점에서 생경한 고백이 지닌 시적 효과가 유발되는 것이다. 말할 것도 없이 돌아가신 "어머니"와 때 이르게 하직한 "아내"에 대한 그리움을 담은 시편들에서 시적 효과를 따지는 것은 온당치 않다. 우리는 그저 「애상」, 「봄빛」, 「꿈 속의 꿈」 등을 통하여 이 세상에 없는 "아내"를 향한 시인의 회한어린 그리움과 만날 따름이다.

   제2시집에서 주목되는 것은 추억의 양식만 아니다. 앞에서도 말했듯이 추억과 향수는 과거의 깊이로 무한정 빨려드는 자아의 퇴행을 의미하지 않는다. 오히려 그것은 과거를 통하여 존재의 순수함을 되찾는 과정이 된다. 유년의 추억이나 그리움의 대상이 되는 타자가 있기에 존재는 나르시시즘의 미궁을 헤어날 수 있다. 추억의 이중구조는 그것이 과거의 부름에 이끌리면서 미래를 예감한다는 데 있다.

    진달래/곱게 필 무렵이면//산도라지꽃같이 예쁜/누나의 얼굴//물안개 속에/피어오른다.//낙동강 굽이치는/물결 따라 세월은 흐르고//그 옛날 뛰놀던/물목에 서면//그리운 이름 하나 둘/진달래 꽃잎으로 떠내려간다. (「진달래」 전문)

  이처럼 추억의 자리에는 결국 추억하는 사람이 남는다. 그래서 추억은 과거로 떠내려가는 것이 아니라 과거의 영상에 투영된 현재의 자기로 되돌아오고 마침내 자기를 반성하는 과정이 된다.

    숲속 오솔길을 걷는다./하늘을 찌를 듯 곧게 자란 나무/휘어지고 뒤틀린 나무/활짝 가지를 펴고 싱싱한 잎새를 자랑하는 나무/비바람에 부러진 나무/이제 갓 자라 꽃을 피우고 있는 애기동백.//몇 시간이나 걸었을까/시야가 툭 틔어 멀리 들과 강이 보이고/걸어온 전체상이 보인다./나무도 보고 숲도 보면서 등산을 즐기듯/인생도 그렇게 걸어야 하는 건데.//길섶에 흐트러진 나무만 보며/앞만 보고 숨가쁘게 달려온 세월//숲은 싱그럽고 활력에 넘쳐 있는데/어느덧 주름진 내 얼굴에는/해거름 엷은 햇살이 비치고 있구나. (「등산 2」 전문)

이 시가 추억 이후 필연으로 수행된 자기반성의 사례라는 것은 아니다. 무엇보다 주목할 일은 추억의 양식과 함께 자기반성의 양식이 공존한다는 사실이다. 이 점이 중요한데 시인의 시적 지평이 새롭게 열려갈 것이기 때문이다. 인용시가 전하는 주된 의미는 살아온 과거에 대한 반성이다. 그런데 이러한 반성을 "등산" 혹은 보행에 빗대었다는 사실이 눈이 띄는 대목이다. 땅에 발을 딛고 온 몸으로 사물을 느끼며 걷는 행위는 가장 원초적이면서 가장 자연스럽다. 하지만 시인은 "앞만 보고 숨가쁘게 달려온 세월"을 기억한다. 목적론의 자장을 벗어나지 못했다는 것이다. 그렇다면 벌써 노년에 이르렀지만 시인은 새로운 보행을 선택할 것임에 틀림이 없다. 이는 「음지 양지」와 「대상포진」이 말하고 있는 "자연의 이치"를 따르고 「봄이 오는 소리」와 「봄소식」이 이야기하고 있는 생명의 소리에 민활하게 감각을 열어 놓는 일과 연관된다. 그런데 이러한 시적 지평은 이미 첫 시집에서 보인 자연주의와 무연하지 않다. 첫 시집에서 자연주의가 세계의 폭력을 비판하는 이념이었다면 제2시집 이후 자연주의는 근대적인 삶 전반을 반성하고 새로운 삶의 지평을 열어가는 구체적인 생명현상이 된다.

3. 노년의 감각

고희를 훌쩍 넘긴 연치에 쓴 시들이 제3시집 『집어등』과 제4

시집 『풀무』에 담겨 있다. 이들 시집에 실려 있는 시편들이 보이는 주된 태도는 관조이다. 간혹 오랜 상처가 덧나거나 그리움에 가슴 아파하는 장면이 전혀 없는 것은 아니다. 가령 「송정 바닷가에서」와 「그림자」 등의 시편에서 보이듯이 "상기/아물지 않는/가슴의 생채기"나 "상기/지워지지 않는/내 마음의 그림자"가 없는 것이 아니다. 하지만 이들은 첫 시집에서 보인 정신적 외상의 재귀적 반복이 아니다. "문득 떠오르는" 회한의 기억은 누구도 가질 수 있는 것이다. 문제는 이러한 회한의 기억에 대한 태도의 문제인데 시적 화자가 일정한 거리를 형성하고 있음이 엿보인다.

    문득 떠오르는/너의 이름/목청껏 불러본다//상기/아물지 않는/가슴의 생채기에//한 줄기/소나기가/지나간다//6월의 햇빛/모래톱에/내려꽂힐 때//사공도/나룻배도 없는/강나루를 건너간 너//오늘/바닷가 거닐며/못 잊어 불러보는//그 이름/갯바위에/파도로 부서지는구나 (「송정 바닷가에서」 전문)

이 시에서 "너"가 누구인지는 분명하지 않다. 첫 시집에 등장하는 전우일수도 있지만 삶의 역정 속에서 고통스럽게 떠나간 사람일 수도 있다. "6월의 햇빛"이 원점의 트라우마를 암시한다고 단정할 수 없기 때문이다. 오히려 "사공도/나룻배도 없는/강나루를 건너간 너"에서 "강"은 돌아올 수 없음 곧 사별(死別)을 의미한다고 볼 수 있다. 여하튼 "너"는 시적 화자에게 아픔을 남기고 저 세상으로 간 사람을 대표하는데 마지막 연에서 "그 이름/갯바위에/파도로" 부서진다. 이 대목에서 일종의 시적 애매성이 노정된다. 파도로 부서지는 이름은 상처의 해소를 의미하는가, 상처의 덧남을 뜻하는가?

> 눈이 내려/천지가 하얀데/바다에는 흔적이 없다.//산은/햇빛을 받으면/그림자를 드리우지만//바다의/그림자는/어디에 있을까//상기/지워지지 않는/내 마음의 그림자//차라리/햇빛을/담아두지 말았어야 할 것을 (「그림자」 전문)

마치 이 시는 앞서 인용한 시의 의문에 답하고 있는 것처럼 보인다. 이 시에서 시인은 "바다"와 "마음"이라는 모티프를 궁리하고 있다. 무변광대한 바다의 포용성과 모든 것이 마음에서 비롯한다는 생각의 일단을 드러내고 있는 셈이다. 첫 시집의 「해변의 오후」이래 "바다"는 이해주 시인의 시세계에서 중요한 자리를 차지하는 모티프이다. 특히 제3시집에 이르러 "바다"는 「바다소리」 연작처럼 다양한 변주의 대상이 된다. 그럼에도 바다를 향한 시인의 궁극적인 지향은 한와 고통, 분노와 울분을 모두 포용하는 화해(和諧)의 지평이 아닌가 한다.

> 달빛 하얗게/물결 위에/바스러지는데//구름 타고/하늘을 날던 꿈/파도에 실려 가고//눈 감으면/바다가 내가 되고/내가 바다가 된다 (「눈 감으면」 전문)

시인은 시원(始源)에 대한 동경으로 "바다"에 동화되려 한다. 이것은 "아픈/가슴//업장 두터워/평생 갚아도//못다 갚을/큰 빚//잠시 짐 부리고/먼 바다 바라보면//마음은/깃털보다 가볍다"(「석탄일에」)는 진술과 무관하지 않다. 삶의 고통과 번뇌에서 벗어난 무애(無碍)의 관계를 갈망하고 있는 것이다. 이러한 "바다"의 이미지는 "풀무"의 이미지와 겹쳐진다. "풀무"는 "속이 비어있어/굽히지 않고/움직이면 바람을 낸다.//움직임 따라/시시각각/불꽃의 모양을 바꾸고//무쇠에도/생명력을/불어 넣는다."(「풀무」에서) 있음과 없음이 모두 무에서 비롯하고 무로 귀착하는 것. "바다"는 이러한 "풀무"처럼 모든 생명과 형상을 자기 안에 포용한다. 그런데 시인의 의식 지평은 이러한 "바다"에만 그치지 않는다. 생명적 우주관과 더불어 만물의 생명적 연관을 말하게 된다.

> 해와 달/하늘과 바다/산과 들/늪과 바람이/살아서 움직이며/살아서 숨 쉬니/모두가/스스로 자라고/스스로 크는/하나의 씨알.//씨앗 한 알 속에는/꽃이 될 싹이 담겨 있고/열매가 될 꽃이 담겨 있다.//하늘에는 솔개/연못에는 물고기/솔개는 물같이 흘러가고/물고기는 하늘같이/흘러가네./물같이 하늘같이/나도 흘러 (「연비어약」 전문)

이처럼 시인은 생명적 우주관과 "씨알"의 사상에 이르고 있다. 유한한 존재인 시적 화자가 개진할 수 있는 최대의 지평이자 생명에 대한 최대의 공경이 아닌가 한다. 후기시에서 시인이 내세우고 있는 중심 주제는 생명이다. 이는 전장의 상황에서도 희망을 잃지 않던 초기시의 자연주의가 범생명의 지평을 도달한 것으로 풀이될 수 있다. 물론 시인이 생명 사상을 설파하고 있는 것은 아니다. 여전히 민활한 감각으로 다양한 사물과 풍경을 그려내고 있는 것이 시인의 구체적인 시적 현실이다. 그럼에도 한 가지 분명한 사실은 생명론적 비약과 함께 존재론적 물음이 함께 한다는 사실이다. 다시 말해서 시인은 미지(未知)를 말하고 있을 뿐 아니라 동시에 유동하는 활력을 드러내는 두 겹의 태도를 견지하고 있다.

이해주 시인의 시세계를 비유로 포괄하여 나는, "그리움의 바다"라 부르고자 한다. 전장의 폐허에서 생명이 지닌 무서운 낙관을 견지하는 한편, 궁극적으로 모든 존재의 시원인 무의 시학을 탐문하는 과정에서 "바다"의 변화와 지속을 시작의 계속성으로 삼았기 때문이다. 그는 "의지의 바다"에서 출발하여 "그리움의 바다"를 거쳐 "생명의 바다"에 이르는 과정을 연출한다. 그리고 아직은 "그리움의 바다"가 다른 둘을 통어하고 있다. 그리움이야말로 그의 삶을 구성하는 중심이고 그의 시작을 추동하는 중심원리이다. 그만큼 그는 사람을 사랑하고 자연의 구경(究竟)을 궁구한다.

이해주李海珠 호는 범성凡聲. 1931년 경남 창원시 대산면에서 태어났다. 6·25 종군시집『위치』(1959년)로 작품활동을 시작했으며 시집『봄이 오는 소리』『집어등』『풀무』와 수필집『덤으로 사는 인생』『소외시대의 증언』『범성산고凡聲散稿』『오늘과 다른 내일』『문풍지의 서정』및 수필선집『어백의 지유』가 있다. 부산시문화상, 한국바다문학작가상, 매월당문학상(시 본상), 매경경제도서문화상과 국민포장을 수상했다. 부산대 경제학과 명예교수로 일본 후쿠오카국제대학교수를 역임했다. 현재 사단법인 윤동주 선양회 고문이다.
이메일 : kt7040016@hanmail.net
부산광역시 해운대구 재송동 1200 센텀파크 112-703 우. 612-712
연락처 016-591-8091

사랑하는 것을 위하여

1판 1쇄·2010년 10월 30일

지은이·이해주
펴낸이·서정원
펴낸곳·도서출판 전망
주   소·부산광역시 중구 중앙동3가 12-1 우편번호·600-013
전   화·051-466-2006
팩   스·051-441-4445
출판등록 제카1-166
ⓒ 이해주 KOREA
값 10,000원

ISBN 978-89-7973-281-8
w441@chollian.net

* 저자와 협의에 의해 인지를 생략합니다.
* 본 도서는 2010년도 부산문화재단 학예진흥을 위한 회원활동 지원사업의 일부 지원으로 발간되었습니다.